양귀비꽃 머리에 꽂고

양귀비꽃 머리에 꽂고

문정희 시집

민음의 시 119

민음사

自序

이 먼 길
어디에도 아는 길은 없었다.

나의 신 속에 신이 있다.

2004년 초여름
문정희

차례

I

사람의 가을　13

머플러　14

새우와의 만남　15

율포의 기억　16

문　17

흙　18

딸의 소식　20

맹인 잔치　21

시계와 시계 사이　22

나무 학교　23

사랑 신고　24

불의 사랑　26

물을 만드는 여자　27

돌아가는 길　28

다시 알몸에게　29

한밤중에　30

II

테라스의 여자   33
시(詩)가 나무에게   34
공항에서 쓸 편지   35
성공 시대   36
남편   37
눈 오는 날의 가족사진   38
홀로 우는 방   40
밤에 나타난 쾌속정   41
꼬리를 흔들며   42
찬밥   44
그리운 도깨비   45
거짓말   46
기억   47
손의 고백   48
파 뿌리   50
사랑해야 하는 이유   51
술 마시는 사람   52
조등(弔燈)이 있는 풍경   54
군인을 위한 노래   56

III

석류 먹는 밤　61

딸아 미안하다　62

결혼 기차　64

산에는 산만 있을까　66

솔개를 기다리며　67

우울증　68

목을 위한 광시곡　69

동백　70

머리 자르기　71

치마　72

벌레를 꿈꾸며　73

초록 나무 속에 사는 여자　74

연인에게　75

가면　76

허공 무덤　77

나의 소피아　78

나의 장미　80

시인을 위하여　81

IV

그의 마지막 침대 85

카메라와 함께 86

나의 집은 어디에 88

커피 가는 시간 90

미친 새가 있는 풍경 91

아파트 동굴 92

나 하늘을 사랑하지만 93

수련 앞에서 94

풍선 노래 95

서울에서 온 전화 96

세상의 모래들에게 98

너는 대체 누구냐 99

스캔들 고양이 100

땅에서 나온 사랑 102

당신의 손에 빗자루가 있다면 103

생일 파티 104

혼자 가질 수 없는 것들 105

먼 길 106

사람의 가을

나의 신은 나입니다. 이 가을날
내가 가진 모든 언어로
내가 나의 신입니다
별과 별 사이
너와 나 사이 가을이 왔습니다
맨 처음 신이 가지고 온 검으로
자르고 잘라서
모든 것은 홀로 빛납니다
저 낱낱이 하나인 잎들
저 자유로이 홀로인 새들
저 잎과 저 새를
언어로 옮기는 일이
시를 쓰는 일이, 이 가을
산을 옮기는 일만큼 힘이 듭니다
저 하나로 완성입니다
새 별 꽃 잎 산 옷 밥 집 땅 피 몸 물 불 꿈 섬
그리고 너 나
이미 한 편의 시입니다
비로소 내가 나의 신입니다. 이 가을날

머플러

내가 그녀의 어깨를 감싸고 길에 나서면
사람들은 멋있다고 말하지만
나는 그녀의 상처를 덮는 날개입니다
쓰라린 불구를 가리는 붕대입니다
물푸레나무처럼 늘 당당한 그녀에게도
간혹 아랍 여자의 차도르 같은
보호 벽이 필요했던 것은 아닐까요
처음엔 보호이지만
결국엔 감옥
어쩌면 어서 벗어던져도 좋을
허울인지도 모릅니다

아닙니다. 바람 부는 날이 아니라도
내가 그녀의 어깨를 감싸고 길에 나서면
사람들은 멋있다고 말하지만
미친 황소 앞에 펄럭이는
투우사의 망토처럼
나는 세상을 향해 싸움을 거는
그녀의 깃발입니다
기억처럼 내려앉은 따스한 노을
잊지 못할 어떤 체온입니다

새우와의 만남

손에 쥔 칼을 슬며시 내려놓았다
그에게 선뜻 칼을 댈 수가 없었다
파리로 가는 비행기 안 기내식 속에
그는 분홍 반달로 누워 있었다
땅에서 나고 자란 내가
바다에서 나고 자란 그대와
하늘 한가운데 3만 5000피트
짙푸른 은하수 안에서 만난 것은
오늘이 칠월 칠석이어서가 아니다
그대의 그리움과 나의 간절함이
사람의 눈에는 잘 안 보이는
구름 같은 인연의 실들을 풀고 풀어서
드디어 이렇게 만난 것이다
나는 끝내 칼과 삼지창을 대지 못하고
내가 가진 것 중 가장 부드럽고 뜨거운
나의 입술을 그대의 알몸에 갖다 대었다
내 사랑 견우여

율포의 기억

일찍이 어머니가 나를 바다에 데려간 것은
소금기 많은 푸른 물을 보여주기 위해서가 아니었다
바다가 뿌리 뽑혀 밀려 나간 후
꿈틀거리는 검은 뻘밭 때문이었다
뻘밭에 위험을 무릅쓰고 퍼덕거리는 것들
숨 쉬고 사는 것들의 힘을 보여주고 싶었던 거다
먹이를 건지기 위해서는
사람들은 왜 무릎을 꺾는 것일까
깊게 허리를 굽혀야만 할까
생명이 사는 곳은 왜 저토록 쓸쓸한 맨살일까
일찍이 어머니가 나를 바다에 데려간 것은
저 무위(無爲)한 해조음을 들려주기 위해서가 아니었다
물 위에 집을 짓는 새들과
각혈하듯 노을을 내뿜는 포구를 배경으로
성자처럼 뻘밭에 고개를 숙이고
먹이를 건지는
슬프고 경건한 손을 보여주기 위해서였다

문

오늘은 맑은 날, 아무 의미 없어
거울 같은 날
종이에다 시 대신 노란 달을 그린다
시에게 정직을 안겨주지 못하고
과장과 미화, 아니면 허풍만 떠는 시가 지겨워
밤낮 꽃이나 새나 산만 노래하는 시가 지루해서
희 노 애 락조차 귀찮아서
오늘은 종이에다 달을 그려시
가위로 오려서 대문에 내건다
홍등이 아니라 황등이다
당신이 나를 문(Moon)이라 불러주므로
달은 나의 문패,
나는 문(文)이요, 문(moon)이 되어
그리움으로 둥실 떠오른다
가등이 되어 세상의 슬픔들을 속속들이 비추고
차라리 홍등이 되어도 좋지
사랑 찾아 거리를 서성이는
외롭고 가난한 그대들이
무상으로 그 문(門)을 열어도 좋지
오늘은 맑은 날, 아무 의미 없어
거울 같은 날

흙

흙이 가진 것 중에
제일 부러운 것은 그의 이름이다
흙 흙 흙 하고 그를 불러보라
심장 저 깊은 곳으로부터
눈물 냄새가 차오르고
이내 두 눈이 젖어온다

흙은 생명의 태반이며
또한 귀의처인 것을 나는 모른다
다만 그를 사랑한 도공이 밤낮으로
그를 주물러서 달덩이를 낳는 것을 본 일이 있다
또한 그의 가슴에 한 줌의 씨앗을 뿌리면
철 되어 한 가마의 곡식이 돌아오는 것도 보았다
흙의 일이므로
농부는 그것을 기적이라 부르지 않고
겸허하게 농사라고 불렀다

그래도 나는 흙이 가진 것 중에
제일 부러운 것은 그의 이름이다
흙 흙 흙 하고 그를 불러보면

눈물샘 저 깊은 곳으로부터
슬프고 아름다운 목숨의 메아리가 들려온다
하늘이 우물을 파놓고 두레박으로
자신을 퍼 올리는 소리가 들려온다

딸의 소식

낙랑에는 적이 쳐들어오면 저절로 우는 자명고라는 레이더가 있었다. 낙랑의 왕 최리의 딸은 북국 대무신왕(大武神王)의 아들 호동을 사랑하여 북을 찢었고, 호동은 낙랑을 쳐들어왔다. (『삼국사기』 제14권)

아버지, 저 여기 살아 있어요
그날 제 품에 숨긴 칼로 낙랑의 북을 찢을 때
제가 찢은 것은
적이 오면 저절로 운다는 자명고가 아니었어요
제 운명이었습니다
그리고 이 손으로 아버지의 나라를 찢었습니다
지금도 그 순간이 선명합니다
두려움과 죄의식으로 후들거리며
맹목 속에 온몸을 던진
저는 그때 미친 바람이었어요
호동은 달처럼 수려한 사내
하지만 북을 찢고 제가 따른 건 호동이 아니었습니다
제 사랑은 전쟁의 아찔한 절벽에 핀 꽃, 세상에
파멸밖에 보여줄 수 없는 사랑이 있다니요
검은 보자기 홀로 뒤집어쓰고
손에 쥔 칼 높이 들어 북을 찢을 때
하늘의 별들 우르르 떨던
그 캄캄한 절망만이
온전히 제 것이었습니다

맹인 잔치

내가 만난 사람들은 모두 장님이었다
두 손으로 허공을 휘저으며 살았다
흰 지팡이로 지상을 아무리 두드려봐도
안개비 자욱한 긴 골목은 끝이 나지 않았다
고속도로 옆으로 비행장도 있었지만
누구 하나 멀리 날아가지 못헸다
때때로 나는 이곳이 맹인 잔치가 열린다는
대궐로 가는 길목인가 생각했다
수련들이 일시에 피었다 가뭇없이 졌다
심청이의 소식은 좀체 들리지 않았다
너무 어두워 꿈인가 하면 현실이고
사막인가 하면 고향이었다
대궐은 어디에 있는 것일까
내가 만난 사람들은
모두 맹인 잔치에 가고 있었다

시계와 시계 사이

이 아침 고장 난 시계 속에 눈을 뜬다
고장 난 시계가 이를 닦고
고장 난 시계가 밥을 먹고
고장 난 시계가 나이를 먹는다
그래도 어딘가 맞는 시계가 있으리라
나는 그런 시계를 하나 갖고 싶다
나는 CNN을 본다. CNN은 당황하여
고장 난 시계가 있는 곳에 특파원을 파견하고
꼬리를 잘 흔들고 손을 싹싹 비비고 눈치를 살핀다
고장 난 시계에다 총구를 갖다 댄다
고장 난 시계를 고치러 다니는 사람들을
대화라든가 외교라는 말로 보도한다
결국 모두가 제 힘으로 살다 가는 것
세상의 모든 시계를 똑같게 고칠 수는 없나 보다
너와 나 사이에는 어차피 시차가 있다
고장 난 시계로 길을 걷다가
교차로에 서서 시계탑을 본다
나의 시계가 맞는지 교차로의 시계가 맞는지
알 수 없다
모든 시계는 나이가 없다
제각기 어디론가 흘러가고 있다

나무 학교

나이에 관한 한 나무에게 배우기로 했다
해마다 어김없이 늘어가는 나이
너무 쉬운 더하기는 그만두고
나무처럼 속에다 새기기로 했다
늘 푸른 나무 사이를 걷다가
문득 가지 하나가 어깨를 건드릴 때
가을이 슬쩍 노란 손을 얹어놓을 때
사랑한다! 는 그의 목소리가 심장에 꽂힐 때
오래된 사원 뒤뜰에서
웃어요! 하며 숲을 배경으로
순간을 새기고 있을 때
나무는 나이를 겉으로 내색하지 않고도 어른이며
아직 어려도 그대로 푸르른 희망
나이에 관한 한 나무에게 배우기로 했다
그냥 속에다 새기기로 했다
무엇보다 내년에 더욱 울창해지기로 했다

사랑 신고

사랑은 자주 불법 위에 터를 닦고
행복은 무허가 주택이기 쉽다
그러나 걱정할 필요는 없다
철거반이 오기도 전에
마치 유목민의 천막처럼
이내 빈 터만 남으니까

가끔 불법 유턴을 하여
위반과 비밀 위에 터를 닦지만
사랑을 신고할 서류는 없다
그래서 사람들은
시를 발명했는지도 모른다
오늘 밤 그런 생각을 해본다

사람들은 진실로 어디에서 살고 있을까
문득 이 도시의 모든 평화가 위조 같다
어떤 사랑으로 한번
장렬하게 추락할 수 있을까
맹목의 힘으로 끝까지 밀고 나가볼까
사람들이 가끔

목젖을 떨며 우는 이유는 무엇일까
진정한 사랑, 진정한 고통, 진정한 희망은
어떤 서류에도 기록되지 않는다
오늘 밤 그런 생각을 해본다

불의 사랑

어디에서 이토록 뜨거운 생명을 만나랴
참혹한 추락이 예비되었지만
불이 있어
지상은 늘 아름다웠다.
감히 수천의 날개를 파닥이며
별을 떨어뜨리며
저 무상을 향해 무릎을 펴는
불이여, 네 이름이 아니라면
어찌 영원과 초월을 꿈꾸랴
네 심장으로 타오르는 것이 아니라면
어찌 파멸과 맞서는 사랑을
우리가 감히 떠올릴 수 있으랴

물을 만드는 여자

딸아, 아무 데나 서서 오줌을 누지 마라
푸른 나무 아래 앉아서 가만가만 누어라
아름다운 네 몸속의 강물이 따스한 리듬을 타고
흙 속에 스미는 소리에 귀 기울여 보아라
그 소리에 세상의 풀들이 무성히 자라고
네가 대지의 어머니가 되어가는 소리를

때때로 편견처럼 완강한 바위에다
오줌을 갈겨주고 싶을 때도 있겠지만
그럴 때일수록
제의를 치르듯 조용히 치마를 걷어 올리고
보름달 탐스러운 네 하초를 대지에다 살짝 대어라
그러고는 쉬이쉬이 네 몸속의 강물이
따스한 리듬을 타고 흙 속에 스밀 때
비로소 너와 대지가 한 몸이 되는 소리를 들어보아라
푸른 생명들이 환호하는 소리를 들어보아라
내 귀한 여자야

돌아가는 길

다가서지 마라
눈과 코는 벌써 돌아가고
마지막 흔적만 남은 석불 한 분
지금 막 완성을 꾀하고 있다
부처를 버리고
다시 돌이 되고 있다
어느 인연의 시간이
눈과 코를 새긴 후
여기는 천 년 인각사 뜨락
부처의 감옥은 깊고 성스러웠다
다시 한 송이 돌로 돌아가는
자연 앞에
시간은 아무 데도 없다
부질없이 두 손 모으지 마라
완성이라는 말도
다만 저 멀리 비켜서거라

다시 알몸에게

아침에 샤워를 하며
알몸에게 말한다
더 이상 나를 따라오지 마라
내가 시인이라 해도
너까지 시인이 되어서는 안 된다
어제 나는 하루에 세 살을 더 먹었다
문득 그랬다
이제 백 년 묵은 여우가 되었다
그러니 알몸이여, 너는 하루에 세 살씩 젊어져라
너만큼 자주 나를 배반한 것은 없었지만
네 멋대로 뚱뚱해지고
네 멋대로 주름이 생겼지만
나의 시가 침묵과 경쟁을 하는 사이
네 멋대로 사내를 만났지만
그래도 그냥 너는 알몸을 살아라
책상보다 침대에서
양귀비꽃 머리에 꽂고 싱싱하게
나의 방앗간, 나의 예배당이여

한밤중에

한밤중에 번개가 나를 찾아왔다
그는 단숨에 내 심장에서
붉은 루비 같은 죄들을 꺼내
검은 하늘에 대고 펄럭이었다

낮 시간 동안 그토록 맑은 햇살을 풀어
푸른 숲과 새들을 키우던
저 산이 보낸 거라고는 믿기 어려운
번개가 한밤중에 나를 찾아왔다

부들부들 떨고 있는 내 심장에서
붉고 선명한 루비들을 꺼내
검은 하늘에 뿌렸다

내일 아침 나의 침대에는
한 사람의 죄수가 밤새
깊고 슬픈 자술서를 쓰다
쓰러져 있으리라

II

테라스의 여자

마지막 화살을 쏘아버린 퀭한 눈을 하고
긴 손톱으로 담배를 피우는 여자
아무렇게나 풀어헤친 머리칼
주름 진 입술에 붉은 술을 붓는 여자
쉬운 결혼들, 그보다 더 쉬웠던 이혼들
그러나 모든 게 좋아
가끔 외롭지만 그것도 좋아
그 많은 상처와 그 많은 고백들은
무슨 꽃이라 부르는지 몰라도 좋아
덧없는 포옹, 바람처럼 사라진 심장 소리
말하자면 통속이지만
그 아픔이 모여 인생이 되지
도깨비바늘처럼 달라붙을까 봐
날렵한 농담으로 피해 가는 뒷모습들 바라보며
혼자 어깨를 들썩이며 웃는
테라스의 여자
생전 처음 만났는데
어디선가 많이도 보았던
수많은 저 여자

시(詩)가 나무에게

나무야, 너 왜 거기 서 있니?
걸어 나와라
피 흘려라
푸른 심장을 꺼내 보여다오
해마다 도로 젊어지는 비밀을
나처럼 언어로 노래해 봐
네 노래는 알아들을 수가 없지만
너무 아름답고 무성해
나의 시 속에 숨어 있는 슬픔보다
더 찬란해
땅속 깊은 곳에서 홀로
수액을 끌어올리며 부르던 그 노래를
오늘은 걸어 나와
나에게 좀 들려다오
나무야, 너 왜 거기 서 있니?

공항에서 쓸 편지

여보, 일 년만 나를 찾지 말아주세요
나 지금 결혼 안식년 휴가 떠나요
그날 우리 둘이 나란히 서서
기쁠 때나 슬플 때나 함께하겠다고
혼인 서약을 한 후
여기까지 용케 잘 왔어요
사막에 오아시스가 있고
아니 오아시스가 사막을 가졌던가요
아무튼 우리는 그 안에다 잔뿌리를 내리고
가지들도 제법 무성히 키웠어요
하지만, 일 년만 나를 찾지 말아주세요
병사에게도 휴가가 있고
노동자에게도 휴식이 있잖아요
조용한 학자들조차도
재충전을 위해 안식년을 떠나듯이
이제 내가 나에게 안식년을 줍니다
여보, 일 년만 나를 찾지 말아주세요
내가 나를 찾아가지고 올 테니까요

성공 시대

어떻게 하지? 나 그만 부자가 되고 말았네
대형 냉장고에 가득한 음식
옷장에 걸린 수십 벌의 상표들
사방에 행복은 흔하기도 하지
언제든 부르면 달려오는 자장면
오른발만 살짝 얹으면 굴러가는 자동차
핸들을 이리저리 돌리기만 하면
나 어디든 갈 수 있네
나 성공하고 말았네
이제 시(詩)만 폐업하면 불행 끝
시 대신 진주 목걸이 하나만 사서 걸면 오케이
내 가슴에 피었다 지는 노을과 신록
아침 햇살보다 맑은 눈물
도둑고양이처럼 기어오르던 고독 다 귀찮아
시 파산 선고하고
행복 벤처 시작할까
그리고 저 캄캄한 도시 속으로
폭탄같이 강렬한 차 하나 몰고
미친 듯이 질주하기만 하면

남편

아버지도 아니고 오빠도 아닌
아버지와 오빠 사이의 촌수쯤 되는 남자
내게 잠 못 이루는 연애가 생기면
제일 먼저 의논하고 물어보고 싶다가도
아차, 다 되어도 이것만은 안 되지 하고
돌아누워 버리는
세상에서 제일 가깝고 제일 먼 남자
이 무슨 원수인가 싶을 때도 있지만
지구를 다 돌아다녀도
내가 낳은 새끼들을 제일로 사랑하는 남자는
이 남자일 것 같아
다시금 오늘도 저녁을 짓는다
그러고 보니 밥을 나와 함께
가장 많이 먹은 남자
전쟁을 가장 많이 가르쳐준 남자

눈 오는 날의 가족사진

병든 남편에게 살점 도려 먹이고
열녀비 세운 이도 없고
난리 통에 왜놈에게 손목 잡혔다고
그 손목 낫으로 잘라버리고
홍살문 세운 이도 없고
스무 살 청상으로 평생을 수절하며
허벅지 지졌다는 인두 하나 더더욱 없는
우리 집 가족사진 속의 여자들
눈이 큰 미인으로 보쌈당한 할머니와
처녀 잉태하여 혼인날 여덟 폭 치마로
겨우 보름달 가리고 시집으로 갔다는
쌍둥이 고모 중 큰 고모와
병풍 속 그림 같은 눈썹의 작은 고모
약국 집 마누라 건드려 혼이 났다는
할아버지의 첫째 둘째 마누라들
다정하게 주르르 서 있는
우리 집 가족사진
나 태어나기 전 어느 눈 오는 날
새집 짓고 식구대로 토방에 서서
읍내 사진사 불러다

화기애애 멋 내고 찍은
묘하게 아름다운
내 전생의 가족사진

홀로 우는 방

새로 이사 와 집수리를 하며
부엌 옆 작은 방 하나를
홀로 우는 방으로 정했다
그 방에서 홀로 울 일로
나의 미래는 벌써
빛나는 시인
밤새워 달그락달그락
남몰래 비단 짜는 학이 되었다가
우렁 각시가 되었다가
새벽에 누군가 약력을 쓰라고 하면
나의 고향은 눈물
나의 모교는 상처라고 쓰리라

밤에 나타난 쾌속정

밤 1시의 불면을 밀치고 일어나
진눈깨비 쏟아지는 거울 속으로
전신을 들이민다
검은 강물 한가운데
물살을 가르며 쾌속정이 지나가듯
어디서 나타났는지
흰 머리칼 한 올이 도발적으로 지나가고 있다
아직 한번도 가보지 못한 곳
부드러운 노인들만 사는 나라로
나를 끌고 가는
오, 이 미친 여자를 가만 놔둘까 보냐
온 힘을 다해 그것을 뽑아낸다
나와라, 누구의 기를 죽이려고
이리도 일찍이 나타났느냐
그러나 이 족속들을 다 뽑아냈다가는
나는 그만 대머리가 되고 말리라

꼬리를 흔들며

비밀이지만 나의 엉덩이에 꼬리가 하나 생겼네
이렇게 고백하면 사람들은
당신도 이젠 기교가 제법 늘었다고 말하겠지만
엉덩이를 직접 보여드릴 수도 없고
안 보이는 것은 그냥 믿어주는 게 상책이지
결국 날개는 안 생기고 꼬리가 생겼네
나는 이 꼬리가 싫지 않네
은근히 한 번씩 건드려보기도 하지
날개는 위험하지만
꼬리는 잘 흔들면 출세도 한다지 않는가
꼬리라는 말이 우선 맘에 드네
꼬리 꼬리 하고 입술을 자꾸 오므렸다 펴면
매우 인간적인 재미에다
꼴찌나 밑바닥이 주는 안도감마저 있어
본질에 닿은 듯
패잔병의 흉터 같은
아니 귀여운 여우 같은 꼬리
사랑하는 이 앞에서 슬쩍 흔들면
이 꼬리 붙잡으며 제발 떠나지 마라 애원해 줄까
오, 비너스에게도 없는 꼬리

나에게 생겼네
이제 이 꼬리 흔들어 당신을 잡아볼까

찬밥

아픈 몸 일으켜 혼자 찬밥을 먹는다
찬밥 속에 서릿발이 목을 쑤신다
부엌에는 각종 전기 제품이 있어
일 분만 단추를 눌러도 따끈한 밥이 되는 세상
찬밥을 먹기도 쉽지 않지만
오늘 혼자 찬밥을 먹는다
가족에겐 따스한 밥 지어 먹이고
찬밥을 먹던 사람
이 빠진 그릇에 찬밥 훑어
누가 남긴 무 조각에 생선 가시를 핥고
몸에서는 제일 따스한 사랑을 뿜던 그녀
깊은 밤에도
혼자 달그락거리던 그 손이 그리워
나 오늘 아픈 몸 일으켜 찬밥을 먹는다
집집마다 신을 보낼 수 없어
신 대신 보냈다는 설도 있지만
홀로 먹는 찬밥 속에서 그녀를 만난다
나 오늘
세상의 찬밥이 되어

그리운 도깨비

대나무 숲 속에 슬쩍 앉혀 지은
우리 집 황토 측간에는
밤이 아니라도
뿔 돋은 도깨비가 살고 있어
어린 날, 측간에 갈 때는
두 손으로 등불 들고 어머니가 따라갔지
엄마는 망을 보고
나는 치마를 올리고 측간에 앉아 있으면
대나무 숲에 사는 새들 속살거리고
총총한 별들 키들거렸지
작은 옹기만 한 내 뒤를
엄마가 쑥 잎으로 닦아줄 때면
쑥 향기 사방에 퍼져
으스스한 측간 도깨비들 꼼짝 못하던
시골 공주의 행차
대나무 숲 속 작은 황토 궁전에
하루에도 두어 번
이런 소름 돋게 아름다운 행차가 있었지

거짓말

가령 강남 어디쯤의 한 술집에서
옛사랑을 다시 만나
사뭇 떨리는 음성으로
"그동안 너를 잊은 적이 없다."고 고백한다면
그것은 참말일까
그 말이 곧 거짓임을 둘 다 알아차리지만
그 또한 사실은 아니어서
안개 속에 술잔을 부딪칠 때
살아온 날들은 거짓말처럼
참말처럼 사라지고
가령 떠내려가 버린 그 많은 말들의 파도를
그 덧없음을
그것을 알아차렸을 때
그때 우리는 누구일까
시인일까

기억

지금도 그 이유를 모르지만
젊은 시절에도 나는 젊지 않았어
때때로 날은 흐리고
저녁이면 쓸쓸한 어둠뿐이었지
짐 실은 소처럼 숨을 헐떡였어
그 무게의 이름이 삶이라는 것을 알 뿐
아침을 음악으로 열어보아도
사냥꾼처럼 쫓고 쫓기다 하루가 가고
그 끝 어디에도 멧돼지는 없었어
생각하니 나를 낳은 건 어머니가 아니었는지도 몰라
어머니가 생명과 함께
알 수 없는 검은 씨앗을 주실 줄은 몰랐어
지금도 그 이유를 모르지만
젊은 시절에도 늘 펄펄 끓는 슬픔이 있었어
슬픔을 발로 차며 거리를 쏘다녔어
그 푸르고 싱싱한 순간을
함부로 돌멩이처럼

손의 고백

가만히 손을 들여다보고 있으면
우리의 손이 언제나 욕망을 쥐는 데만
사용되고 있다는 말도 거짓임을 압니다
쏴아쏴아 작은 오솔길을 따라가 보면
무엇을 쥐었을 때보다
그저 흘려보낸 것이 더 많았음을 압니다
처음 다가든 사랑조차도
그렇게 흘려보내고 백기처럼
오래 흔들었습니다
대낮인데도 밖은 어둡고 무거워
상처 입은 짐승처럼
진종일 웅크리고 앉아
숨죽여 본 사람은 압니다
아무 욕망도 없어 캄캄한 절벽
어느새 초침을 닮아버린 우리들의 발걸음
집중 호우로 퍼붓는 포탄들과
최신식 비극과
햄버거처럼 흔한 싸구려 행복들 속에
가만히 손을 들여다보고 있으면
생매장된 동물처럼

일어설 수도 걸어갈 수도 없어
가만히 손을 들여다보고 있으면
솨아솨아 흘려보낸 작은 오솔길이
와락 감동으로 다가옵니다

파 뿌리

크고 뭉툭한 부엌칼로 파 뿌리를 잘라낸다
마지막까지 흙을 움켜쥐고 있는
파 뿌리를 잘라내며 속으로 소리 지른다

결혼은 왜 새를 닮으면 안 되는가
질기게 붙잡고 늘어져야 하는가
뿌리 없이 가볍게 날아다니는 깃털이란
그토록 두렵고 불안하기만 한 것인가
언제나 정주(定住)만을 예찬해야 하는가
가축처럼 번식과 무리를 필요로 하고
영원히 동반이어야 하는가
검은 머리는 언제 파뿌리가 되는가

나 오늘 파 뿌리를 잘라낸다
부엌칼 중 제일 크고 뭉툭한 칼로
남은 파를 숭숭 썰어
펄펄 끓는 찌개에 쓸어 넣는다

사랑해야 하는 이유

우리가 서로 사랑해야 하는 이유는
세상의 강물을 나눠 마시고
세상의 채소를 나누어 먹고
똑같은 해와 달 아래
똑같은 주름을 만들고 산다는 것이라네
우리가 서로 사랑해야 하는
또 하나의 이유는
세상의 강가에서 똑같이
시간의 돌멩이를 던지며 운다는 것이라네
바람에 나뒹굴다가
서로 누군지도 모르는
나뭇잎이나 쇠똥구리 같은 것으로
똑같이 흩어지는 것이라네

술 마시는 사람

한마디로 우리는 깊은 관계이다
이렇게 먼 곳까지 함께 오다니
이제 전화 음성만으로도
그가 소주를 몇 잔째 들이켰는지 훤히 안다
그 시절, 독재자가
한강 모래 위에 심어놓은 포플러처럼
우격다짐으로 입혀놓은 제복 속에서
우리는 함께 흔들리며 시를 썼다
겁도 없이 시에다 미래를 걸었다
청춘은 불치의 내상을 입을 수밖에
그러나 그게 무슨 상관이랴
우리는 아직도 시를 쓰고 있다

시간은 독재자처럼
우리를 여기까지 데려왔지만
상처 많은 뿌리로 이파리를 흔들며
오늘도 모래 위에 시를 쓴다
그러곤 술에 취해 불온하게 소리친다
야, 한 코 주라
죽는 날까지, 한 코 달라고 조르는 척하며

어느새 이 멀고 깊은 곳까지 들어와 버렸다
어찌할까, 더 늦기 전에
이번엔 내가 먼저 한 코 달라고 덤벼든다면
혼비백산 도망치고 말겠지
그러나 그게 또 무슨 상관이랴
우리는 이미 밖으로 나가는 길을 잃어버렸으니

조등(弔燈)이 있는 풍경

이내 조등이 걸리고
사람들이 모여들기 시작했다
아무도 울지 않았다
어머니는 80세까지 장수를 했으니까
우는 척만 했다
오랜 병석에 있었으니까
하지만 어머니가 죽었다
내 엄마, 그 눈물이
그 사람이 죽었다
저녁이 되자 더 기막힌 일이 일어났다
내가 배가 고파지는 것이었다
어머니가 죽었는데
내 위장이 밥을 부르고 있었다
누군가 갖다 준 슬픈 밥을 못 이긴 척 먹고 있을 때
고향에서 친척들이 들이닥쳤다
영정 앞에 그들은 잠시 고개를 숙인 뒤
몇십 년 만에 내 손을 잡았다
그리고 위로의 말을 건넸다
"아니, 이 사람이 막내 아닌가? 폭 늙었구려."
주저 없이 나를 구덩이 속에 처박았다

이어 더 정확한 조준으로 마지막 확인 사살을 했다
"못 알아보겠어.
꼭 돌아가신 어머니인 줄 알았네."

군인을 위한 노래

당신들은 모르실 거예요
이 땅에 태어난 여자들은
누구나 한때 군인을 애인으로 갖는답니다
이 땅의 젊은 남자들은
누구나 군사 분계선으로 가서
목숨을 거기 내놓고 한 시절
형제라고 부르는 적을 향해 총을 겨누고
절박하게 고통과 그리움을 배운답니다
그래서 이 땅의 여자들은
소녀 때는 군인에게 위문편지를 쓰고
처녀 때는 군대로 면회를 간답니다
그 시차 속에 가끔 사랑이 엇갈리는 일도 있어
어느 중년의 오후
다시 돌아설 수 없는 길목에서
군복 벗은 그를 우연히 만나
서로 어쩔 줄 몰라 하며
속으로 조금 울기도 한답니다
서로의 생 속에 군사 분계선보다 더 녹슨
어떤 선을 발견하고 슬퍼한답니다
당신들은 모르실 거예요

이 땅의 여자들은
누구나 한때 군인을 애인으로 갖는답니다

III

석류 먹는 밤

오도독! 네 심장에 이빨을 박는다
이빨 사이로 흐르는 붉고 향기로운 피
나는 거울을 보고 싶다
사랑하는 이의 심장을 먹는 여자가 보고 싶다
먹어도 먹어도 허기가 져서
마녀처럼 두개골을 다 파먹는 여자
오, 내 사랑
알알이 언어를 파먹는다
한밤에 일어나 너를 먹는다

딸아 미안하다

매주 수요일 정오, 서울 안국동 일본 대사관 앞에는 흰옷 입고 종군 위안부 여성들이 모인다.

딸아, 미안하다
오늘 나는 이렇게 말해야 한다
무능한 나라의 치욕과
적국을 향한 분노로 소리 지르다 말고
나는 목젖을 떨며 깊이 울어야 한다
기실 나는 민족을 잘 모른다
그 민족의 주체가 남성인 것도 모른다
다만 오늘 네 앞에 꿇어 엎드려
울음 우는 것은
나의 외면과 나의 망각을 다시 꺼내놓고
사죄하는 것은
네 존엄과 네 인격을 전리품으로 가져간
일본군보다 더 깊게
나의 무지와 독선이 슬프기 때문이다
심청을 팔고, 홍도를 팔고 살아난 아비와 오빠
기생과 놀며 풍류를 더하고
그녀들을 화류로 내던진 이 땅의 강물이
부끄럽기 때문이다
결국 강압과 사기로 세계에도 유례없는 성 노예 집단인
적국 군대의 종군 위안부로 보내진 내 딸아

민족보다도, 그 민족의 주체인 남성의 소유물이
상처를 입은 그 어떤 수치심보다도
내 딸의 존엄과 내 딸의 인격이 전리품으로 능욕당한
그 앞에 나는 무릎 꿇어 사죄한다. 진심으로
미안하다, 딸아

결혼 기차

어떤 여행도 종점이 있지만
이 여행에는 종점이 없다
죽음이 두 사람을 갈라놓기 전에
한 사람이 기차에서 내려야 할 때는
묶인 발목 중에 한쪽을 자르고 내려야 한다

오, 결혼은 중요해
그러나 인생이 더 중요해
결혼이 인생을 흔든다면
나는 결혼을 버리겠어

묶인 다리 한쪽을 자르고
단호하게 뛰어내린 사람도
이내 한쪽 다리로 서서
기차에 두고 온 발목 하나가
서늘히 제 몸을 부르는 소리를 듣는다
그래서 서둘러 다음 기차를 또 타기도 한다

때때로 차창 밖을 내다보며
그만 이번 역에서 내릴까 말까

아이들의 손목을 잡고
선반에 올려놓은 무거운 짐을 쳐다보다가
어느덧 노을 속을
무슨 장엄한 터널처럼 통과하는

종점이 없어 가장 편안한 이 기차에
승객은 좀체 줄이들지 않는다

산에는 산만 있을까

저 산에는 과연 산만 있을까
초록 머리칼을 날리며 뜻밖에도
천 살에 가까운 젊은이가 살고 있지는 않을까
그의 눈썹 위로 달이 떠오를 때면
짐승들이 상처 난 무릎을 세우고 앉아
기도를 피워 올리고 있는 것은 아닐까
계절마다 아이들이 새로 태어나고
시시각각 눈빛이 다른 투명 거울이 있어
그 앞에서 다투어 여자들이
연한 속옷을 갈아입는 것은 아닐까
내 안에도 나 말고 천둥과 벼락이 살고 있듯이
안개 속에 이마를 숨기고
남몰래 녹아가는 바위가 있듯이
저 산에도 천둥과 벼락이 살고 있을지도 몰라
거친 숨을 내뿜으며
더 높은 봉우리를 향해 이 순간에도
누군가 힘겨운 발걸음을 옮기고 있을지도 몰라
고산병에 휘청거리며
이쯤에서 그만 산을 내려갈까 말까
산 중턱에서
나처럼 괴로워하고 있을지도 몰라

솔개를 기다리며

소나기를 보며 내가 한 일이라곤
고작 우산 하나를 생각하고
우산처럼 고즈넉한 집 한 채를 짓는 일이었지
어머니에게 배운 말로 시 한 편을 써놓고
그 속에 무지개를 떠올리는 일이었지

그러나 오늘 오랜 가뭄 끝에
퍼붓는 소나기 속에서
힘센 장정을 보네
푸른 강물 콸콸 흐르게 하고
청무 밭에 청무들 싱싱하게 키우고
푸들푸들 깃 털고 일어서는 솔개
허공을 날다 천둥이 되어
크게 한 번 땅을 호령하는 혁명아
땅 위의 것들을 일순에 싹 쓸어내는……

우울증

겨울 안개 길고 긴 터널
모든 것이 무사해서 미친 중년의 오후
전조등 하나 없는 회색 속을 걸어간다
가방에는 몇 개의 열쇠가 들어 있지만
진실로 갖고 싶은 열쇠는 없다
기적이란 신의 소유만은 아니었구나
지나온 하루하루가 모두 기적이었다
돌아보니 텅 빈 무대 아래
반수면 상태로 끝없이 삐걱이는 의자들
저기가 진정 내가 지나온 봄의 정원이었던가

목을 위한 광시곡

신전의 대리석 기둥 같은
그대의 목을
성소에 예배드리듯 간절히 끌어안고
붉은 꽃을 피우고 싶네

머리카락 속에 소소리바람
그 숲에 사는 풀여치 되어
밤새 울고 싶네

그대 목에 방아쇠를 겨누고 싶네
고성(古城)에 사는 드라큘라처럼
뜨거운 이빨을 거기 박고
그대 숨소리를 우뢰처럼 흡입하고 싶네
오늘 밤 그대의 목 하나를 소유하고 싶네

동백

지상에서는 더 이상 갈 곳이 없어
뜨거운 술에 붉은 독약 타서 마시고
천 길 절벽 위로 뛰어내리는 사랑
가장 눈부신 꽃은
가장 눈부신 소멸의 다른 이름이라

머리 자르기

계곡에는 도롱뇽과 염소가 살고
골목에는 땟국물 자르르한 아이들이
붉은 댕기 꽃과 함께 자라는 마을
긴 수염에 가위를 든 한 그루 성자 같은
늘 푸른 할아버지를 만나면
나 그 앞에 묵은 신문지 두르고 앉아
산발한 이 머리를 자르리

아무것도 그립지 않고
아무것도 슬프지 않은 날
시집갔다 돌아온 딸처럼
입 다물고 앉아
천 갈래 만 갈래 검은 강물을
사각사각 눈 녹는 소리로 자르리

치마

벌써 남자들은 그곳에
심상치 않은 것이 있음을 안다
치마 속에 확실히 무언가 있기는 있다
가만두면 사라지는 달을 감추고
뜨겁게 불어오는 회오리 같은 것
대리석 두 기둥으로 받쳐 든 신전에
어쩌면 신이 살고 있을지도 모른다
그 은밀한 곳에서 일어나는
흥망의 비밀이 궁금하여
남자들은 평생 신전 주위를 맴도는 관광객이다
굳이 아니라면 신의 후손인지도 모른다
그래서 그들은 자꾸 족보를 확인하고
후계자를 만들려고 애를 쓴다
치마 속에 확실히 무언가 있다
여자들이 감춘 바다가 있을지도 모른다
참혹하게 아름다운 갯벌이 있고
꿈꾸는 조개들이 살고 있는 바다
한번 들어가면 영원히 죽는
허무한 동굴?
놀라운 것은
그 힘은 벗었을 때 더욱 눈부시다는 것이다

벌레를 꿈꾸며

한번쯤 벌레를 꿈꾼 적이 있다면
이제 책벌레보다 애벌레가 되고 싶네
검은 활자를 갉아먹고
홀로 꿈틀거리며
집 한 채도 짓지 못하는 책벌레보다
휘청거리는 나뭇가지에 매달려
초록 잎을 뗏목 삼아
하늘을 기어가는 애벌레기 되고 싶네
돈벌레는 너무 노골적이어서 겁이 나고
열매란 열매는 죄다 먹어치우고
모든 곳에 구멍을 뚫어놓는
식욕도 두려워
한번쯤 벌레를 꿈꾼 적이 있다면
이제 애벌레가 되고 싶네
결국 사랑하는 이의 심장 속에 사는
작고 아름다운 각시별 같은

초록 나무 속에 사는 여자

봄비 오는 들판을 가다 보면
저 흙 속에 한 여자가 살고 있음을 알게 됩니다
초록 깃털로 눈뜨는 풀들과 새 떼들을
누가 저토록 간절히 키울 수 있을까요
봄비 오는 들판을 가다 보면
나도 저 흙 속의 여자가 키우는
초록 아이가 되고 싶습니다
혹은 풀들처럼 싱싱하게 새 떼처럼 가뿐하게
아이들을 키워내고 싶습니다
하나쯤은 곁에 두고
볼을 부비며 살고 싶지만
봄비 오는 들판을 가다 보면
문득 저 나무에도
한 여자가 살고 있음을 알게 됩니다
끝없이 기도를 하는
푸른 손들이 살고 있음을 알게 됩니다

연인에게

연인아, 여름이 오면
손잡이가 빨간 가위 하나 들고 와
함부로 뻗친 가지 척척 잘라다오
부질없는 내 열망을 잘라다오
수북이 땅 위에 나뭇가지 쌓이면
그 가지로 허공에다 새집 한 채를 지어다오
바람 불 때마다 흔들리며
노래를 알처럼 까는
새 한 마리 키우리라

가면

가끔 진실이란 말에 나 울었지
그런데 오늘은 위선이란 말도 좋네
아직도 사랑하고 있다고 말해 주는
즐거운 가면, 그가 아니라면
나 피 흘리며 쓰러졌을지도 모르지
그래, 많은 가정이 깨질 거야
참 많은 우정이
참 많은 신사가 깡패가 될 거야
가끔 진실이란 말에 나 울었지
그런데 오늘은 날카롭고 투명한 진실보다
가령 조금 더러운 들고양이 같은 위선이
우리를 지탱시켜 줄 때도 있다는 생각이 드네

골목 어귀 큰 나무도 햇살을 받아
그늘을 돌려줄 때가 있듯이
그 그늘에 앉아 우리가 한참 쉴 때가 있듯이

허공 무덤

허공에 그의 무덤이 있다
동구 밖 가죽나무에 목을 매고
스스로 사라져간 사내
전쟁이 끝난 직후였지
나는 아마도 일곱 살쯤 되었고
마을에 겨우 고요가 찾아들 무렵
아름다운 노을 속에
그는 한 송이 부드러운 구름으로 떠 있었네
그는 누구였을까
온 동네 아이들이 돌멩이 던지며
이 골목 저 골목으로 내몰던 다리 절뚝이던 사내
못 볼 것 보아버렸다고
손가락으로 두 눈 쑤시던 사내
사람이 사람을 죽이는 것을 보아버렸다고
땅에 침 뱉고 절뚝이다가
허공에다 두 발을 올린 사내
지금도 흐린 날이면 내 어깨 위를 서성이는
저 가벼운 구름 한 조각

나의 소피아

고향에서 사느니 향수가 더 나아?*
아니야, 나는
그리움보다 당신을 택하겠어
어제와 내일에 대해 노래한 시를
사람들은 더 좋아하지만
그것도 아니야
나 오늘 소피아로 가고 싶어
나 오늘 타오르고 싶어
불나고 싶어
누군가 충고했지
불조심하라고
그건 삶이 아니라고
삶은 타오르는 것이 아니라
가만히 썩는 것이라고
그래서 나의 노래는 이토록 위험할까
새들은 왜 다른 데가 아닌
내 가슴에서만 살까
소피아가 어딘지 몰라
하지만 나 오늘 소피아로 가고 싶어
어제나 내일이 아닌

오늘 가고 싶어
그리움보다 바로 당신을 갖겠어
당신을 살겠어

* 황지우의 시.

나의 장미

시인은 아름다운가
시간 위에 장미를 피우려고
피를 돌리는 존재
그는 생명인가, 언어인가
그의 감옥에는
홀로 앉아 시를 쓰는 손만 보일 뿐
그는 소경인지도 모른다
시 속에서만 부엉이처럼 눈을 뜨고 사니
현실은 늘 저주
사랑은 언제나 이별
그의 독방에는
그가 풀어놓은 말들이 저희끼리
서로 연애를 하여
결국 까만 알을 낳는다
시는 언어의 딸이 아니라
침묵의 딸인지도 모른다
그는 사랑을 말한 적도 없다
시 쓰다 보면 거기 사랑이 있을 뿐
숨 쉬는 장미 같은……

시인을 위하여

그는 시인으로 많은 시를 썼다
그리고 그는 죽었다
이제 그의 시들만 살아 있다
많은 사람들이 그의 시를 읽고
또 많은 사람들이 그의 실족과 얼룩을 읽는다
하지만 진실로 그를 때릴 수 있는 것은 그의 시뿐이다
뻬이닌 인어, 꿈틀거리는 가락이
그를 향해 자꾸 질문을 던진다
누구는 그가 남긴 보석에 눈멀고
누구는 혼이 감도는 꽃에 미친 나머지
심지어 이것은 눈부신 허구가 아니냐고
돌을 들어 자꾸 깨뜨려 보기도 하지만
그의 시는 그럴수록 펄펄 살아
붉은 피가 되어, 루비가 되어
술에 취하지 않아도 얼얼한 심장이 되어
많은 사람들이 그의 시를 읽으며
가슴이 벅차고 숨이 멎는다
그래서 그의 시로
그 시인을 때리며 괴로워한다

IV

그의 마지막 침대

이게 뭐지? 이게 다야?
때로는 비우고
때로는 채우고
결국 병든 짐승으로 쪼그라드는 것이?
오래 사랑하던 말, 가뭇없이 꺼져가는
이게 끝이란 말이야?
역순이어야 해
처음에 늙은 짐승으로 태어나
맑고 눈부신 성인으로 커서
사랑스러운 아기로 끝나고 싶어
혹은 알이 되어도 좋아
어머니의 자궁, 대지의 구멍으로
다시 살포시 들어가고 싶어
신이 인간을 만들었다고?
이 가련한 육신을?
정신보다는 망령뿐이고
육신이라기보다 넝마인
이것이 신의 작품의 끝 장면이라고?
쓰린 상처와 가시를 헤치고
결국 아무것도 아닌
이게 뭐지? 이게 다야?

카메라와 함께

동구 밖 느티나무를 지나
돌다리만 건너면 바로 내 고향
그런데 그곳에는 고향이 없었네
장구 잘 치던 춘선이는 벌써 죽었고
다리 절던 호범이도 떠난 지 오래
작은아버지 방앗간 기계 방아 잘 돌리던
사촌들 모두 흩어지고 없었네
토끼 사냥도 기타 소리도 사라지고 없었네
광주에서 온 사진사가
노인들의 영정 사진을 찍고 간 후
젊은 과부들에게서는 불현듯 아이들이 생겨나고
노란 눈곱 낀 아이도 태어났는데
독버섯 따 먹고 고생하던 점박이네
그 뭉툭 코들도 모두 사라지고 없었네
쌀가마 너끈히 지던 용태와 삼식이는
뒷산 갈대밭에 누워 있었네
낮아진 지붕, 허리 굽은 굴뚝 아래
호박잎을 두른 바위가
겨우 나를 알아봤지만
아무리 흔들어도 입을 열지 않았네

누구 집 검은 개가 이물질을 곧 알아차리고
미친 듯 컹컹 짖어대기 시작했네
카메라가 찍은 건
생생한 부재와 적멸뿐
고향은 어디에도 없었네
아무래도 내가 가짜인 것 같았네

나의 집은 어디에

내 처음의 집인 어머니의 자궁은
고향을 떠나 일산 공원묘지 흙이 되었고
어린 날 서울 와서 살던 원효로 집
홀로 초경을 맞았던 그 적산 가옥은
지금 성형외과가 되었다
중학교 때 혁명 공약 듣던 마포 집은
구청 건물로 바뀌었고
밤섬도 사라졌다
내가 다닌 청와대 옆 진명여고는 정부 기관이 차지하고
대학 시절의 상도동 집은 장급 호텔로 바뀌었다
신혼 시절, 맹꽁이 울던 구의동 집은 편의점이 되었는데
오늘 또 영동교 옆 하얀 빌라에서 쫓겨 나와
임시 전세를 찾고 있다
소유만으로 자부심이라는 광고를 달고
재개발에 허깨비처럼 고꾸라지는 하얀 집을 바라보며
새로 들어설 마술 같은 부동산을 떠올리며
소유만으로 눈물인 나의 추억들을
이제 어디에다 놓을까
추억은 자식처럼 애물단지
사랑이요, 슬픔이요, 장애물이라

아직도 추억을 끌고 다니는
나는 어쩌면 이 시대의 마지막 동물
조금 후면 황막한 도시의
어느 표본실로 끌려갈지 모를 일이다
어디에도 내가 없는 여기가 진정 나의 조국인가

커피 가는 시간

아직도 쓸데없는 것만 사랑하고 있어요
가령 노래라든가 그리움 같은 것
상처와 빗방울을
그리고 가을을 사랑하고 있어요, 어머니
아직도 시를 쓰고 있어요
밥보다 시커먼 커피를 더 많이 마시고
몇 권의 책을 끼고 잠들며
직업보다 떠돌기를 더 좋아하고 있어요
바람 속에 서 있는 소나무와
홀로 가는 별과 사막을
미친 폭풍우를 사랑하고 있어요

전쟁터나 하수구에 돈이 있다는 것쯤 알긴 하지만
그래서 친구 중엔 도회로 떠나
하수구에 손을 넣고 허우적대기도 하지만
단 한 구절의 성경도
단 한 소절의 반야심경도 못 외는 사람들이
성자처럼 흰옷을 입고
땅 파며 살고 있는 고향 같은 나라를 그리며
오늘도 마른 흙을 갈고 있어요, 어머니

미친 새가 있는 풍경

봄이 왔는데 봄을 본 사람이 없다
2003년 봄, 꽃 소식은
초록 이파리 하나 없이
직선으로 피어오르는 불꽃들의 만개
검은 철새들은 일렬종대로 날다가
사막 도시 한복판으로 내리꽂힌다
이름이 미사일이라든가, 이 신종 철새들은
온몸을 비틀며 우는 아이들 곁으로
돌진한다. 그것을 보며
눈동자가 움직이지 않는 멍한 여자들
미친 새들의 묘기와 검은 불꽃들 만개한
2003년 봄, 사람들은
시시각각 TV를 보며 우국지사처럼
심각한 표정으로 밥을 먹다가
전화로 서로의 안부를 묻다가
이내 죄의식을 털어내 버린다
TV를 끄면 전쟁도 사라지는
초현실 같은, 2003년 봄
지상에 봄이 왔다 갔다
봄이 왔는데 봄을 본 사람이 없다

아파트 동굴

어제부터 우리 아파트는 고장 수리 중
단전 단수 팻말을 달고 공룡으로 멈춰 섰다
엘리베이터는 화석의 척추처럼 굳었고
사람들은 일시에 시멘트 동굴 속에 사는
원시인이 되었다
저녁이 되자 허기에 주린 이빨들은
불 꺼진 냉장고에서
핏물이 흐르는 소의 시체를 꺼내어
날고기로 뜯기 시작했다
변기는 넘쳐 부글거리더니
급기야 두엄처럼 사방에다 악취를 내뿜었다
헛것에 홀린 듯
어둠 속에서 벽을 더듬거리며
나는 자꾸 죽은 스위치를 눌러댔다
마른 수도꼭지를 비틀다가
거꾸로 입을 처박고 헉헉거렸다
어제부터 우리 아파트는 고장 수리 중
우리들은 하루 만에 동굴 속에 갇힌
야만의 원시 동물로 변해 버렸다

나 하늘을 사랑하지만

나 하늘을 사랑하지만
생각해 보면 하늘은 나를 너무 지배해
햇살 내려 눈부시거나
비나 눈 내리어
나의 생애는 늘 허둥거렸지
낮은 지붕과 헝겊 옷 한 벌만으로는
그의 눈빛에서 벗어날 수 없었지
모든 상처가 푸른빛을 띤 것은
하늘의 살결을 동경한 흔적인가 싶다가도
나 오늘 고요한 방을 마련하고
힘줄 하나 없는 하늘 아래
이렇게 그에 관한 시를 쓰고 있는 것은
그도 또한 나의 숨결을 사랑하기 때문일까

수련 앞에서

새로 핀 수련 앞에서 무슨 말을 하랴
그래도 이 눈부신 것들을
가만히 두는 것은
시인의 수치
만져도 안 되고
입술 닿아도 안 되고
꺾으면 더욱 안 되니
두 눈에 이슬 맺히도록
푸른 하늘이 쩡쩡 흔들리도록
나도 찬란한 한 송이 미소가 되어
활짝! 대결하는 수밖에

풍선 노래

나를 가지고 놀아줘
허공에 붕붕 띄워줘
좀 더 좀 더 입으로 불어줘
뜨거운 바람 넣어줘
부드럽고 탱탱한 살결
주물러 터뜨려줘
아니, 살살 만져줘
그만 터져버릴 것만 같아
내 전신은 미끄러운 빙판
삶 전체가 위험에 노출되어 있어
날카로운 시간의 활촉이 나를 노리고 있어
열쇠는 필요 없어
바람의 순간을 즐겨줘
아니, 신나게 죽여줘

서울에서 온 전화

심야에 서울에서 온 전화가 소리 지른다
왜 사는지 모르겠다
누구는 깜짝 새 아파트로 몇억을 벌었다는데
날마다 차는 밀리고 공기는 더러워 숨이 막힌다
텔레비전은 더욱 시끄럽고 천해져 가지만
딱히 할 일이 없어 그것만 들여다보고 산다
거짓말과 거품만 자욱한 도시
시인들조차도 아무 말이나 끌어다 쓰고
이리저리 골목대장 따라 몰려다닌다
취기를 상징적 장신구로 달고 다니지만
그것은 작은 양심이요, 알리바이일 뿐
심지어 관객들도 모두 무대로 올라와
맹목적 출세주의에 발을 구르며
오직 뜨려고 발광을 한다
많은 사람들이 유명해졌고 상도 받았지만
손바닥이 얼얼한 박수를 쳐본 적은 드물다
멈추면 폭발하는 고장 난 버스처럼
지금 서울은 그렇게 굴러가고 있다
그, 러, 고, 보, 니
행복이란 참 어렵구나
"왜 그의 행복은 언제나

괴로운 얼굴을 하고 있을까. 그래서 그것이
심지어 불행이고 패배라고 오해하고 있는 것일까."*
전화를 끊고 나는 당장 서울로 돌아가고 싶었다
그의 괴로운 행복과
나의 외로운 행복이 결혼을 하여
새로 아이가 태어나면
진짜 시인이 될 것 같았다
광기의 속도로 내닫는 시술이 불현듯 그리워서
나는 밤새 가방을 쌌다

* 아이리스 머독 『그물을 헤치고』(1954)에서.

세상의 모래들에게

세상의 모래들아, 모두 일어나
세상의 모든 총구를 막아라
바위가 모래가 될 때까지
천 년의 시간, 어머니의 근심처럼
길고 긴 강물을 따라
숨 쉬던 혈맥들이 푸른 산으로 솟고
꽃과 왕궁으로 피었다 지고
가뭇없이 다시 모래 사막이 된
지난한 밤의 생각들아
비로소 모래가 된 모래들아
폭풍과 함께 모두 일어나
세상의 총구를 막아라
두려운 무기의 길을 지우고
비명을 향해 달려가는
탱크들을 제자리에 세워라
심지어 북쪽과 남쪽의 모래들아
형과 아우도 몰라보고
서로를 노려보며 50년 충혈된
눈알마다 촘촘하게 박혀라
비로소 바위가 될 큰 모래들아

너는 대체 누구냐

쾌속의 능력을 지닌 미끈한 체구
나를 사랑했던 어떤 남자도
이토록 뜨거운 질주와 충실한 복종을 하지는 않았었다
내가 다른 사람들과 섞일 때에도
질투하거나 서성대지 않고
세워둔 자리에서 나를 기다리는
사려 깊은 너와 처리리 결혼을 하고 싶나. 그래서
내 60킬로그램을 움직이기 위해
1600킬로그램 너를 끌고 다니리라

어디를 가든 거리는 이미 만성 고혈압
막다른 길 아니면 미로뿐이다
끝없이 앞으로만 질주하는 습성을
그래도 사람들은 넋을 잃고 사랑한다
원시림 속에 이름도 모르는 괴물이 살았듯
오늘 우리와 함께 사는
사방에 깔려 있는
너는 대체 어디서 온 누구냐?

스캔들 고양이

아침 신문을 펼치자
검은 고양이 한 마리가 튀어나왔다
직감적으로 텔레비전을 켰더니
홍수에 떠내려가는 돼지처럼
그의 이름이 흙탕물 위를 둥둥 떠내려가고 있었다
점퍼로 얼굴을 가린 손목에 은빛 수갑이 언뜻 비쳤다
그의 잘못은 명백했다
모래 위에 거품으로 집을 지었다는 것이다
어둠 속에서 서로 무언가를 나누어 먹었다는 것이다
그것은 정말 고양이다운 짓이었다
떡고물이나 삐걱이는 의자 따위를 핥는 것이라니
나는 저 고양이의 봄날을 기억한다
동네 벽보판에 온화하고 선량한 얼굴로
어린아이를 안고 웃고 서 있었다
흰 띠를 두르고 네거리에서 쓰레기를 줍고
묘목을 심는 모습도 보았다
그때 그 장면은 너무 사람 같아서
해괴한 공포 영화의 한 장면처럼 섬뜩했다
나는 신문지에 검은 고양이를 싸서
아파트 앞 쓰레기 분리수거 통에 얼른 처박았다

냄새가 하도 지독해서
재활용도 어려울 것 같았다

땅에서 나온 사랑

경기도 양주 윤씨 분묘에서 비단으로 싼 350년 전의 어린이 미라가 발견되었다.

아들아, 너를 어이 땅에 묻으리
꽝꽝한 땅에다 네 맑은 눈을
아침 햇살 빛나던 은구슬 치아를
벌써 책장 넘기던 의젓한 일곱 살
아까운 내 보배를 어이 묻으리
하늘이 가라앉고
땅 위의 모든 온기가 사라졌도다
이 목숨 끊어지는 날까지
다시는 입을 일 없는 아비의 비단 도포
언 땅에 깔고
올올이 애통한 어미의 속저고리 벗어
너를 싸노니
너 죽인 병도 여기까진 따라오지 못하리
어미 아비 검은 숯이 되어
천 길 절벽 굴러 떨어질 때
해와 달도 함께 꺼져버렸으니
시간이 어디 있어
내 아들을 범접할까

당신의 손에 빗자루가 있다면

당신의 손에 빗자루가 있다면
다른 데는 말고
내 가슴으로 들어와
부질없는 나뭇잎들
한쪽으로 쓱쓱 치워주세요
언뜻 보면 아까워 보이지만
습관뿐인 저 거실의 꽃병
먼지 앉는 의자를 치워주세요
추억만을 되감는 시계가
다시 새 비둘기를 낳을 수 있도록
태엽에도 숨결을 불어넣어 주세요
당신의 손에 빗자루가 있다면
깊고 쓸쓸한 뒷모습들
쓸어내 버리고
눈부신 새 물길을 내어주세요

생일 파티

싱싱한 고래 한 마리 내 허리에 살았네
그때 스무 살 나는 푸른 고래였지
서른 살 나는 첼로였다네
적당히 다리를 벌리고 앉아
잘 길든 사내의 등어리를 긁듯이
그렇게 나를 긁으면 안개라고 할까
매캐한 담배 냄새 같은 첼로였다네
마흔 살 땐 장송곡을 틀었을 거야
검은 드레스에 검은 장미도 꽂았을 거야
서양 여자들처럼 언덕을 넘어갔지
이유는 모르겠어
장하고 조금 목이 메었어
쉰 살이 되면 나는 아무것도 잡을 것이 없어
오히려 가볍겠지
사랑에 못 박히는 것조차
바람결에 맡기고
모든 것이 있는데 무엇인가 반은 없는
쉰 살의 생일 파티는 어떻게 할까
기도는 공짜지만 제일 큰 이익을 가져온다 하니
청승맞게 꿇어앉아 기도나 할까

혼자 가질 수 없는 것들

가장 아름다운 것은
손으로 잡을 수 없게 만드셨다
사방에 피어나는
저 나무들과 꽃들 사이
푸르게 솟아나는 웃음 같은 것

가장 소중한 것은
혼자 가질 수 없게 만드셨다
새로 건 달력 속에 숨 쉬는 처녀들
당신의 호명을 기다리는 좋은 언어들

가장 사랑스러운 것은
저절로 솟게 만드셨다
서로를 바라보는 눈 속으로
그윽이 떠오르는 별 같은 것

먼 길

나의 신 속에 신이 있다
이 먼 길을 내가 걸어오다니
어디에도 아는 길은 없었다
그냥 신을 신고 걸어왔을 뿐

처음 걷기를 배운 날부터
지상과 나 사이에는 신이 있어
한 발자국 한 발자국 뒤뚱거리며
여기까지 왔을 뿐

새들은 얼마나 가벼운 신을 신었을까
바람이나 강물은 또 무슨 신을 신었을까

아직도 나무뿌리처럼 지혜롭고 든든하지 못한
나의 발이 살고 있는 신
이제 벗어도 될까, 강가에 앉아
저 물살 같은 자유를 배울 수는 없을까
생각해 보지만

삶이란 비상을 거부하는

가파른 계단

나 오늘 이 먼 곳에 와 비로소
두려운 이름 신이여! 를 발음해 본다

이리도 간절히 지상을 걷고 싶은
나의 신 속에 신이 살고 있다

양귀비꽃 머리에 꽂고

1판 1쇄 펴냄 2004년 5월 10일
1판 11쇄 펴냄 2020년 12월 2일

지은이 문정희
발행인 박근섭, 박상준
펴낸곳 **(주)민음사**

출판등록 1966. 5. 19. 제16-490호
서울특별시 강남구 도산대로1길 62(신사동)
강남출판문화센터 5층(우편번호 06027)
대표전화 02-515-2000 / 팩시밀리 02-515-2007
www.minumsa.com

ⓒ 문정희, 2004. Printed in Seoul, Korea
ISBN 978-89-374-0723-9 03810

• 잘못 만들어진 책은 구입처에서 교환해 드립니다.